Les Nouvelles Villes Tentaculaires

Hubert Camus

*Édition : BoD · Books on Demand, 31 avenue Saint-Rémy, 57600 Forbach, bod@bod.fr
Impression : Libri Plureos GmbH, Friedensallee 273, 22763 Hamburg (Allemagne)*

*© Hubert Camus, 2022
ISBN : 978-2-8106-2534-5*

Dépôt légal : mars 2025

En 1895, le poète belge Émile Verhaeren publiait *Les Villes tentaculaires*, chef d'œuvre visionnaire sur l'empire ou l'emprise grandissante des villes. En 2025, cette publication célèbre ses 130 ans.

C'est presque par hasard que j'ai lu *Les Villes tentaculaires*. Elles m'ont immédiatement happé, et inspiré. J'ai voulu lui répondre. Pour ne pas tomber dans la glose, dans l'explication de texte ou dans la répétition, j'ai copié les titres des poèmes. En n'ayant que ce sommaire sous les yeux, et en me contraignant à ne pas relire les poèmes originaux au risque de ne plus savoir m'en détacher, j'ai composé cette version contemporaine des *Villes tentaculaires*. Le poète voyait juste, mais il y a eu des évolutions. Cette part du travail achevée, j'ai voulu ajouter quelques titres.

Ces poèmes sont, donc, inspirés par Verhaeren. Ils ont également une part autobiographique. Surtout, ils parlent du monde contemporain : le harcèlement de rue, le COVID-19, l'incendie de Notre-Dame... Ils se situent à Paris, à Châteauroux, à Phnom Penh et ailleurs.

Je vous souhaite une agréable lecture.

Hubert Camus

Au poète
Émile Verhaeren

1 – La plaine

La plaine n'existe plus
Elle a été désertée
La terre où l'on a grandi
Il a fallu la quitter
Pour poursuivre ses études
Ou pour trouver un travail

La plaine n'existe plus
Les lieux semblent désolés
On y revient quelquefois
Mais c'est de plus en plus rare
Au fond on n'a pas le temps
Grandir c'est se détacher

On fut heureux autrefois
En jouant dans des cachettes
Abritant tous nos secrets
Sans savoir que nos parents

Et avant eux leurs parents
Se cachaient au même endroit

La plaine n'existe plus
Que sur des photos rangées
Et au creux d'un souvenir
Lorsqu'un inconnu demande
Quel chemin on a suivi
Avant d'arriver en ville

Mais il existe d'autres plaines
Les plaines qui ont réussi
Où l'on s'amasse et où l'on grouille
Ces plaines devenues des villes

Peut-on les appeler des plaines
La ville efface toute trace
D'une géographie confuse
Qu'y a-t-il sous tout ce béton

Peut-on les appeler des plaines
Quand des égouts creusent la ville
Et quand les immeubles se dressent
Formant les montagnes de l'homme

Les plaines disparaissent quand on fait son sac
Qu'il n'y a plus personne pour veiller le ciel

Les plaines disparaissent quand on les bâtit
L'horizon se borne on tourne à l'intersection

2 – L'âme de la ville

Qu'est-ce que l'âme d'une ville
Où donc chercher cet impalpable
La ville a-t-elle même une âme
Ou bien les âmes qui la peuplent
Font-elles son âme inchiffrable

Certains vont chercher l'âme urbaine
Dans la vitrine des libraires
Si l'on sait ce qu'ici on lit
On sait ce que l'on pense ici
C'est une manière d'être âme

C'est à la faveur des bistrots
Que d'autres mènent leur enquête
Un café un ballon de blanc
Tendons l'oreille et parlons fort
La tribune officieuse est là

Et pour les plus mélancoliques
Pas même un mot n'est nécessaire
Marchez silencieusement
Près du fleuve et sur l'avenue
Asseyez-vous et regardez

Si aujourd'hui vous débarquez
À la gare de Châteauroux
On vous donnera le secret
De l'âme de la ville d'Indre
Dans un chuchot réitéré

Voilà une petite ville
Ici la vie est bien tranquille
On s'ennuie un peu quelquefois
Mais quand la vie est calme et douce
Pourquoi ne pas s'en satisfaire

Puis vous descendez de l'avion
La chaleur moite vous écrase
Et pourtant tout l'air vous exalte
Voici l'indomptable Phnom Penh
Aux constructions hautes et neuves

Toutes les époques se mêlent
L'empire inégalé d'Angkor
Le colonialisme français
Le génocide des Khmers rouges
Un modernisme étourdissant

Des tours poussent dans tous les sens
On va toujours plus haut mais au
Sol il n'y a pas de trottoir
Préférez-vous prendre un tuk-tuk
Ou un scooter cheveux au vent

Mais la ville aux mille visages
La grande ville mais plurielle
Qu'on ne peut qu'aimer ou haïr
Celle qu'on ne peut définir
C'est Paris multiculturelle

L'âme de Paris est mouvante
Sur les quais on marche tranquille
Mais on enrage juste en haut
Coincé dans les embouteillages
Le calme le dispute au bruit

Tout le monde est toujours pressé
À pied en voiture en métro
Allez veux-tu te dépêcher
Ou alors me laisser passer
Tout le monde sauf les touristes

On tourne en rond dans ses quartiers
Alors dès qu'on en sort à peine
On devient touriste étonné
Mais même où l'on croit tout connaître
Il suffit de lever le nez

Et puis de retour de vacances
Lorsque l'on retrouve Paris
On est heureux d'être chez soi

C'est stressant mais tellement beau
On ne s'en lassera jamais

3 – Une statue (moine)

Tout à coup suranné
Il est là débonnaire
Pierre claire taillée
Le moine d'autrefois
Qu'on aurait oublié

Combien d'entre eux déjà
Ont été recyclés
Ou simplement détruits
À peine plus d'un siècle
Les a vus disparaître

Où pourrait-on trouver
Dans la ville aujourd'hui
Une statue de moine
Qui la regarderait
Qui la préserverait

C'est une antiquité
Du passé une trace
Qui nous désintéresse
S'il en reste une ou deux
C'est qu'on l'a oubliée

Allez va donc bon moine
Toi qui lèves les yeux
Lèvres pincées mains jointes
Vers ton éternité
Toujours plus silencieuse

Car les temps ont changé
Augustins franciscains
Ou bien dominicains
Ce ne sont plus ces gens
Qu'on écoute béats

4 – Les cathédrales

Ce n'est pas une cathédrale
On n'y trouve pas de cathèdre
Chacun le sait mais peu importe
On l'appelle la cathédrale

Elle est sise place Voltaire
Qu'en eût pensé le philosophe
À l'intérieur il y a l'office
Et à l'extérieur on s'anime

Le soir sur le parking les jeunes
Se retrouvent pour parler fort
Et le matin à certains jours
C'est le marché qui s'y déploie

Je n'y suis pas souvent entré
Mais faute d'être cathédrale
La grande église Saint-André
A tous les atouts d'une église

Quand dehors on crie ou s'émeut
Quand il fait trop chaud ou trop froid
À l'intérieur des lieux de culte
Même le profane profite

Il y fait bon et le silence
Perturbé par l'orgue ou la cloche
Nous enveloppe tendrement
Ô cathédrale à Châteauroux

Une autre fois en Inde
Dans une de ces villes
Dont j'ignore le nom

Nous avons décidé
D'abandonner une heure
La ville surpeuplée

Cette église était-elle
Consacrée cathédrale
Nous ne le saurons pas

C'était soir de Noël
Et pour nous divertir
Nous y sommes entrés

Aucun de nous peut-être
Ne connaissait la messe
Quelle idée nous a pris

Alors pendant deux heures
Nous avons écouté
Un prêtre qui prêchait

Nous n'avons rien compris
À part parfois « Amen »
Et puis nous avons fui

Mais celle-là c'est sûr c'est une cathédrale
Elle est majestueuse immense et fascinante
Elle trône au milieu de Paris sur son île
Elle a déjà neuf fois vu le siècle changer

Chacun a sa façon préférée de la voir
Certains ne jurent que par le parvis si fier
D'autres sont habitués à son flanc par la Seine
Moi je n'aime rien tant que ses grands arcs-boutants

Mais rien n'est immuable même si solide
Un soir une odeur est venue ternir le ciel
Alors on s'est rués par milliers sur les quais
Nous avons regardé, suffoqués, attérés

La cathédrale en feu dans le jour qui se couche
Le silence planait et même les pigeons
Volaient d'un vol désordonné et éperdus
Et puis ce filet d'eau signant notre impuissance

Le silence s'éteint quand la flèche s'effondre
Même le plus athée met sa main sur sa bouche
Demain l'on parlera à torts et à travers
Demain mais pour l'instant nous n'y comprenons rien

5 – Une statue (soldat)

Il n'est pas des soldats qui tuent
Mais de ceux qui souvent en meurent
Comme on meurt pour un idéal

Il n'appartient pas à l'armée
Et ne se jette pas au feu
Son élément c'est l'océan

Petit déjà il regardait
Son père ses cousins ses oncles
Embarquer de leur pied marin

Le marin a sa langue propre
Tout un vocabulaire honni
Et des mots seulement pour l'eau

Qu'on ne lui parle pas de corde
Et encore moins de lapin
D'autres mots sont porte-bonheur

D'ailleurs sur l'eau il n'y a ni
Gauche ni droite mais bâbord
Et tribord et puis proue et poupe

Le marin sait nouer ses bouts
Sans y penser d'une main sûre
Ça ne bougera pas d'un poil

Avec tout ça et d'une voix
Qui porte dans le sens du vent
Il a l'œil toujours attentif

Le marin s'en va pour n'avoir
Autour de lui que l'océan
Que ses compagnons de courage

Si la carte a été mal lue
Si le vent se lève trop fort
Si la houle s'élève en vagues

Si une rencontre importune
Approchent alors c'est fini
Il n'y a plus qu'à se signer

Le marin est superstitieux
Le voilà qui revoit la terre
C'est bon : il n'est pas mort encore

À peine arrivé il embrasse
Sa femme et le front de son fils
Qui bientôt le suivra sur l'eau

Et dans la ville soulagée
Il va de son pas assuré
Vers la chapelle des marins

Il prie d'être resté en vie
Merci mes saints, mes protecteurs
On a connu quelques frayeurs

Dans sa méditation il lève
Les yeux sur la statue de bois
C'est un marin qui est gravé

C'est un père un cousin un oncle
Demain peut-être ce sera
Moi si je n'en reviens pas

Dans ses mains il a un bateau
Beaucoup l'ont porté dans leurs flancs
Maintenant c'est lui qui le tient

Mais la terre est trop vague
La marée se retire
Il est temps de partir

6 – Le port

Le port
On le sent monter

Le port prend le visage avant les yeux
De pas en pas on sent d'abord le port
Par le vent qui vient, brise ou ouragan
C'est un vent bon qui réjouit le cœur

Le port
On le sent monter

Le port on le sent ensuite à l'odeur
La mer prend le nez, donne un goût salé
Et quand le pêcheur recoud ses filets
On rêve aux repas qu'on préparera

Le port
On le sent monter

Et soudain le port s'ouvre devant nous
Seules des bouées séparent les coques
Les bateaux s'alignent presqu'infinis
Ils sont beaux même loin de l'horizon

Ça y est : il est là juste devant nous
Mais il est trop vaste pour qu'un regard
Permette de le voir en son entier
Sauf si un quai, une falaise élève

Le port
On le sent monter

Alors on sent le vent et l'océan
On voit comme vivent les goélands
Mais on n'entend plus le chant propre au port
C'est beau mais il faut vite redescendre

En bas les bouts battent les mâts tendus
Ils battent suivant chacun sa cadence
C'est infernal mais si réconfortant
Tandis que tout tangue tout doucement

Le port
Il faut le quitter

7 – Le spectacle

Le spectacle est partout

Pour la première fois
Vous serrez contre vous
Votre billet d'entrée

En sortant du métro
Vous vous êtes tourné
Le dos à l'avenue

Le spectacle est partout

Elle était pourtant belle
Toute droite tracée
Jusqu'au musée du Louvre

Vous vous êtes tourné
Pour qu'apparaisse, folle
La façade garnierre

Le spectacle est partout

L'or le dispute au cuivre
Rossini, Beethoven
Mozart et Halevy

Avec la poésie
Et la chorégraphie
Vous font signe d'entrer

Le spectacle est partout

Vous passez sous les lustres
Sur les marches superbes
Les yeux de tous côtés

L'alarme retentit
Il est temps de monter
Rejoindre votre place

Le spectacle est partout

Vous allez découvrir
En pleurant en silence
L'œuvre de Massenet

Le spectacle est partout

Et deux heures durant
Votre souffle coupé
Vous vous verrez entrer

Dans une vie nouvelle
Désormais le ballet
Est gravé dans votre être

Vous vous abreuverez
Avec gloutonnerie
De tous les pas de danse

Le spectacle est partout

Et puis un autre jour sous un ciel plus ardent
Assis sur un coussin le sourire à la lèvre
Vous allez découvrir d'autres bras, d'autres jambes
Vous allez replonger dix siècles en arrière

Vous êtes à Angkor Jayavarman VII règne
Sur l'empire des khmers et sur les Apsara
Les danseuses divines sont là, devant vous
Immortelles et belles pinçant un lotus

Le spectacle est partout

Leurs gestes ne sont pas ceux que vous connaissez
Vous admirez leurs mains aux courbes inconnues
La musique vous berce l'infini vous gagne
Une deuxième fois la danse vous habite

Vous ne connaissez pas le mot pour dire *amour*
Mais aucun mot ne pourrait être prononcé
Il faut juste se taire admirer le spectacle
On en voudrait encore, juste un peu, encore

Mais à Paris
Ou à Phnom Penh

Le spectacle est partout

Il y a la scène
Et le rideau

Mais il y a
Surtout la rue

Le spectacle est partout

Applaudissez
Donc les artistes

Mais gardez les
Yeux bien ouverts

N'oubliez pas

La ville est un spectacle
Le spectacle est partout

8 – Les promeneuses

Les promeneuses passent seules
Ou à deux ou bien entre amies
Certaines s'en vont quelque part
D'autres ne veulent que flâner
Elles vont, ne demandant rien
Mais elles entendront beaucoup

La promeneuse qui se plaint
Se voit tout d'abord demander
Quelle tenue elle portait
Comme si c'était de sa faute
Comme si l'on ne savait pas
L'imbécile de ces remarques

Les promeneuses en été
Lorsque le soleil cuit la peau
Que l'on veut sourire au ciel bleu
Se couvrent d'un léger tissu
Qui convient à la météo
On crie Haro sur la putain

Les promeneuses en hiver
Lorsque le froid nous tétanise
Que l'on doit ou on veut sortir
S'emmitouflent sous bien des couches

Cachent leur nez sous une écharpe
On crie Haro sur la salope

On trouvera tous les prétextes
Et des raisons qui n'en sont pas
Pour juger les femmes qui passent
Des mains se posent sur leurs corps
Des mains poisseuses, repoussantes
Lorsque ce n'est pas autre chose

Des Aurélien pour se distraire
Font un jeu de suivre les femmes
En se laissant plus ou moins voir
En plein jour ou la nuit tombée
Si tu prends à droite je suis
Si tu prends à gauche je change

Des hommes ne sont pas passants
Ils ne promènent que leurs yeux
Ils n'en parlent parfois qu'entre eux
Dans des termes irraportables
Mais d'autres fois ils interpellent
Celles qu'ils prétendent séduire

Les promeneuses
Sont intranquilles

9 – Une statue (bourgeois)

À travers les époques
Son fond ne change pas
Son costume évolue
Son costume, c'est tout

Au dix-huitième siècle
Il était commerçant
Sa voix criait des ordres :
Il est propriétaire

Au dix-neuvième siècle
Il possède une usine
Ou alors un journal
Il porte un haut-de-forme

On le caricature
Avec un œil mauvais
Un rire satisfait
Et le ventre en avant

Vient le vingtième siècle
Il a une voiture
Puis un avion privé
Il vaut selon la bourse

Il est devenu svelte
Dans des costumes sobres
C'est un homme d'actions
Mais capitalisées

On dit de lui qu'il est
Capitain' d'industrie
Il dirige il est vrai
Mais loin de l'aventure

Un nouveau siècle s'ouvre
Un nouveau bourgeois naît
Il a quelques idées
Et un ordinateur

Cela fait sa fortune
Qu'il dépense en baskets
Blanches pour Saint-Malo
Et en lunettes noires

Le bourgeois est fidèle
À ceux qui le précèdent
Son fond ne change pas
Seulement l'apparence

Il ne se défait pas
Du sourire arrogant
Parce que, lui, *il sait*
Il sait et puis il a

Le bourgeois est enfin
Toujours très sûr de lui
Il est rare qu'il sache
Se montrer réflexif

10 – Les usines

De la ville aujourd'hui l'usine a disparu
Quelquefois on en trouve encore le vestige
Mais elle est bien souvent transformée en musée
Quand ce n'est pas en bar pour clients fortunés

Et pourtant aujourd'hui l'usine existe encore
On n'y fabrique rien mais on y trime autant
Ne perdons pas de temps ; allez, vite : au travail
L'alarme sonne bien plus souvent que jadis

La première alarme est celle tirant du lit
Aujourd'hui comme hier, demain comme aujourd'hui
Et le corps engourdi et l'esprit abruti
On s'extirpe de soi pour aller travailler

Le métro c'est l'usine aux gestes répétés
On est tous entassés sur un trajet réglé
Qui est cet autre moi au regard fuyant, vide
L'alarme annonce les portes qui se referment

Le bureau c'est l'usine à peine plus moderne
Le matin on y pointe sur l'ordinateur
Ce nouveau contremaître au pouvoir infini
L'alarme retentit à chaque mail reçu

Le bureau c'est l'usine en un peu plus poli
On n'entend plus les fers battre les matériaux
Mais les doigts qui tapent les touches du clavier
On ne se lève plus tellement c'est commun

On ne fabrique rien et certains pensent même
Que leur travail est inutile et eux aussi
Souffre donc en silence, ouvrier d'aujourd'hui
Tu es bien mieux loti que tes pères défunts

Et que ceux qui demain iront dans une usine
À l'écart de la ville user leur pauvre corps
Ils mourront avant toi c'est ta consolation
D'avoir travaillé trop, trop dur et trop longtemps

Si la vie est l'usine alors démissionnons

11 – La bourse

Aujourd'hui ce n'est plus qu'un lieu de souvenir
On imagine tous lorsqu'on passe devant
Les messieurs s'écharpant, hurlant de tout leur coffre
Rongeant leur haut de forme vissé sur la tête

Le bâtiment est toujours là
Avec sa grande façade ocre
Sur le fronton il est gravé
En majuscules le mot « Bourse »

Il y a un siècle on venait en trottinant
Des richesses naissaient entre ces larges murs
Et pouvaient disparaître dès le lendemain
Les bons spéculateurs ne renonçaient jamais

La bourse a refermé ses portes
Depuis qu'elle est toujours ouverte
Entre Tokyo et Washington
L'argent n'a jamais de repos

C'était un monde en soi que celui des boursiers
On peut bien les moquer mais ils sont nos ancêtres
On n'a guère changé, on les caricature
Lorsque l'on continue à vendre à la criée

La bourse a refermé ses portes
Quand le matin le réveil sonne
On allume l'ordinateur
Qu'allons-nous pouvoir acheter

12 – Le bazar

C'est un souvenir d'enfance
Il a plusieurs décennies
Vous aviez aimé Tunis
Vous êtes à Marrakech
Le minaret porte la
Voix chantante du muezzin
Vous pénétrez dans le souk
Un havre grâce à son ombre
C'est la palette d'un peintre
Tant il y a de couleurs
On s'apostrophe en tous sens
Vous n'en savez pas un mot
Mais ce n'est pas nécessaire
Pour que vous jubiliez

C'est alors que vous entrez
Dans la maroquinerie
Maroc, maroquinerie
Vous en sortirez changé
Accroché au souvenir
De cette première fois
Vos yeux admirent les peaux
Marron des sacs merveilleux
Mais ce qui vous surprend plus
C'est cette odeur enivrante

Vous approchez votre nez
Pour vérifier chaque sac

Depuis ce jour si ancien
Cette odeur vous raccommode
Et dès qu'elle vous revient
Vous vous sentez apaisé
Par un souvenir d'enfance

Bien plus tard vous êtes parti
Pour la capitale des Khmers
Vous avez cherché le grand X
Jaune construit par les Français
Surnommé le marché central
Ici ce n'est plus des mosquées
Mais des pagodes qu'on entend
Les chants qui sont doux aux croyants

Il y a le coin aux textiles
Une autre rangée aux bijoux
Par là c'est pour l'électronique
Et au milieu de tout cela
Bouddha Apsara et Ganesh
À peine plus grands que votre ongle
Sont à vendre pour un dollar
Vous vous émerveillez de tout
Vous vous sentez si bien ici
Vous voudriez rester toujours

Vous commanderez une soupe
En posant un regard trop long
Sur la beauté de la vendeuse
C'est le bazar dans votre tête

13 – L'étal

Il fallait rejoindre le port
Et attendre le crépuscule
Pour que se libèrent les chairs
Contre quelques écus souillés

La prostitution mal cachée
Cachait mal aussi tous ses maux
Les femmes n'étaient pour les hommes
Pas différentes d'un troupeau
Trimant à travers les tripots

1995
Vous êtes encore un enfant
Vos yeux naïfs ne savent pas
Que vous voyez mourir un monde
Quand vous marchez rue Saint-Denis

Les boutiques sont éclatantes
Elles promettent le plaisir
Dans des néons multicolores
Mais tout est bien dissimulé
Derrière un grand, lourd rideau noir

Vous êtes un petit enfant
Votre maman vous tient la main

Vous lui demandez innocent
Que font ces femmes qui attendent
Bras ballants devant un immeuble

Vous profitez de son silence
Pour des regards brefs et précis
Vous vous souviendrez pour longtemps
De bas résille aux plis grossiers
Du noir aux yeux vite appliqué

Et puis vous êtes fasciné
Par ces seins découverts énormes
Elles les mettent en avant
Quand elles devinent vos yeux
De salaud dans dix ou quinze ans

Vous vous pensiez pourtant discret
– Ces seins plus gros que votre tête –
Un jour une femme du seuil
Vous a lancé un clin d'œil et
Vous a fait drôlement coupable

Mais dans les environs du port
Et autour de rue Saint-Denis
On ne vient plus que pour une heure
Les appartements sont repris
Pour les louer à des touristes

Le sordide n'a pas de fin
On ne fait que le déplacer
Entre un cycliste et un coureur
Le bois de Boulogne est l'horreur
Des passes qui n'arrêtent pas

Les siècles exploitent les femmes
Chacun avec bonne conscience
Et tant qu'à faire on les accuse
D'ailleurs quand on ne sait que dire
On insulte en disant « Putain »

14 – La révolte

Nous sommes toujours révoltés
Le poing est prêt à se lever
La voix est prête à se porter
La révolte est au bord des lèvres
Et nous entonnons les slogans

Qui trouvera la bonne phrase
Pour lancer l'aigreur du moment
Nous manifestons tous les jours
Samedi pour, dimanche contre
On joue notre réputation

Alors bien sûr on peut penser
Que la révolte permanente
Revient à dire que jamais
On ne se révolte vraiment
Mais ce serait nous méconnaître

Car il arrive quelquefois
Qu'un sursaut nous prenne un élan
Que l'on comprenne qu'aujourd'hui
Il est temps de se rassembler
Alors nous sommes magnifiques

La nation presque d'une voix
Se lève proteste s'unit
On revit nos heures de gloire
Ensemble nous sommes si forts
On s'encourage au coude-à-coude

Oui dans ces jours qui nous secouent
Nous sommes tant de révoltés
Que l'énorme devient la norme
Personne n'ose s'approcher
Regardez briller dans notre œil

Ami, voici ton étendard

15 – Le masque

On savait qu'à Venise
Pour inverser les rôles
Au début du printemps
On mettait un costume
Ample et bariolé
Et couvrait son visage
D'un masque ciselé

À la même période
À Arras ou Dunkerque
On fait la même fête
Le masque abolit tout
Nous sommes tous égaux
Et tous petits pourtant
Juste au pied des géants

Mais le plus musical
Et le plus coloré
Quoique le moins masqué
Est celui de Rio
Le monde entier l'envie
Comment se retenir
Quand la samba commence

Mais tout cela a disparu
Le masque s'est réinventé

Au printemps de 2020
Le monde s'est clos sur lui-même
On nous a dit : restez chez vous
On n'avait plus droit de sortir
C'est que la mort rodait dehors
Dans un invisible virus

Quel que soit notre continent
Notre pays ou bien notre âge
Nous avons dû vivre cloîtrés
Et si dans la rue l'on se croise
On s'éloigne de deux-trois pas
Pour ne pas respirer son air

Quelques semaines indécises
Nous maintinrent dans l'ignorance
Et puis la décision fut prise
Celui qui ira dans la rue
Devra être couvert d'un masque
Couvrant bien le nez et la bouche

Pour la première fois
Nous n'allions plus nous voir
Nos êtres disparurent
Nous ne fûmes plus qu'yeux

On se devinera
Derrière le tissu
Ou le papier bleu
À quoi ressembles-tu

Adieu les sourires
Adieu lèvres pincées
Les petites fossettes
Adieu, adieu, hélas

On sourira des yeux
En les plissant un peu
Maigre consolation

À force de patience
On pût les retirer
Et se redécouvrir

Tu es plus belle encore
Que je t'imaginais
Ô la charmante bouche

(Mais qui dit montrer son visage
Dit pour certains hélas remettre
Tous ses masques métaphoriques)

16 – Une statue (apôtre)

Il avait dominé sur les siècles des siècles
Avec son air serein son livre dans les mains
Ses paroles valaient comme guides de vie
Mais progressivement on l'a moins écouté
On le laissait parler mais juste un ton plus bas

Jusqu'au jour où l'on crut que pour être bien libre
Il fallait assassiner de tous les côtés
Le siècle finissait un monde commençait
Le roi guillotiné on frappait en tous sens
Arasant les façades ou décapitant

Les églises devinrent carrières de pierres
Le regard des statues devint insupportable
On effaça notre mauvaise conscience
Et pendant quelques temps on oublia l'apôtre
Il allait revenir toujours plus triomphant

On le remit en place honteux du passé
Comme pour s'excuser on se montra zélé
Apôtre, ô bon apôtre accepte notre aumône
Le piédestal en or et la plaque de bronze
Nous t'avons négligé veux-tu nous pardonner

Mais les siècles des siècles tournent sur eux-mêmes
Aujourd'hui on ne veut honorer ni honnir
Que ta face soit plate ou ta statue brillante
Nous sommes la plupart indifférents à toi
Ta carrière est finie elle n'a plus de souffle

17 – La mort

La mort est partout
Elle nous entoure
Ne l'oubliez pas

Souvenez-vous
Deux mille quinze
C'est en novembre
À Saint-Denis
Au Carillon
Casa Nostra
La Belle équipe
Comptoir Voltaire
Le Bataclan
D'autres encore

Souvenez-vous
C'est si soudain
On dormait presque
Et tout à coup
On reconnaît
L'arme de guerre
On festoyait
On nous rafale
La ville saigne
On est à terre

Souvenez-vous
Les jours d'après
La crainte au cœur
L'inconfiance
Et des réflexes
Inattendus
La mort est là
On se relève
Tout doucement
Mais avant ça

Souvenez-vous
Cette photo
Cette inconnue
Agenouillée
Cachant son front
Entre ses mains
Elle a été
Pour quelques jours
L'image même
De la torpeur

        La mort est partout
        Elle nous entoure
        Ne l'oubliez pas

Presque cinq ans se passent
Voilà 2020

Une année prometteuse
Après la précédente
Qui aura fait mourir
Ici dans l'incendie
Là dans la canicule
Là-bas dans l'ouragan
Ou bien de sécheresse

Mais l'impensable arrive
Impensable, impossible
Chacun fait comme il peut
On ne se salue plus
Que de loin, sans contact
L'autre est un pathogène
Et s'il faut se croiser
Éloignons-nous un peu

La ville c'est la mort
Alors on nous enferme
Pour ne pas se transmettre
La couronne mortelle

Cela ne suffit pas
Chacun reste chez soi
On se lave les mains
On reste loin des autres
Et dès qu'on en obtient
On porte tous un masque

Cela ne suffit pas
La mort est toujours là
Faucheuse indifférente
Il faut en faire plus
Alors un jour en Chine
Dans les avenues vides
Toutes fenêtres closes
Quelque énorme machine
Répand du virucide
Ça ne suffira pas
On ne tue pas la mort

      La mort est partout
      Elle nous entoure
      Ne l'oubliez pas

Il est un autre terrorisme
Nous sommes tous un peu coupables
Mais comment donc faire autrement
Elle aussi se cache à nos yeux
Mais nous les fermons aisément
Elle est l'origine des villes
Aujourd'hui on est asphyxié
Nous en mourrons peut-être tous
J'ai nommé la pollution
On la connaît depuis longtemps
On sait le mal qui nous attend
Pour certains il a commencé
Mais ici règne l'insouciance

L'homme tue la vie en chantant
Après tout que pouvons-nous faire
Alors continuons à vivre
Jusqu'à ce qu'on ait tout tué

      La mort est partout
      Elle nous entoure
      Ne l'oubliez pas

Et puis écoutez-la
Elle a voix d'une femme
Que notre voisin bat
Ne vous détournez pas
Ce n'est qu'une dispute
Ils en sont coutumiers
Ne vous détournez pas
Ou ce soir elle mourra
Comment la main d'un homme
Peut-elle se lever
Sur ce qu'il dit aimer
Mais la violence rôde
Frappe au moindre prétexte
Si vous n'êtes pas lâche
Interrompez la main
Maman ma sœur ma fille
Et ma meilleure amie
Puissiez-vous ne jamais
Rencontrer un tel être

        La mort est partout
        Elle nous entoure
        Ne l'oubliez pas

La mort en ville
On l'a connue
En cinquante ans

Oswiecim
En polonais
Disons Auschwitz
À l'allemande
Le nom importe
Les barbelés
Le camp, les fours
Le quai du tri
Les barbelés
Et les baraques
À Birkenau
Arbeit macht frei
Dans cette ville
Certains travaillent
Mais tous y meurent

S-21
Est à Phnom Penh
Un souvenir
Du génocide
On a fiché

Comme à Auschwitz
Et torturé
Des jours, des nuits
Dans le lycée
Le visiteur
Peut regarder
Droit dans les yeux
Ceux apeurés
Des prisonniers

Et les Tutsi
Sous les machettes
Presqu'un million
La lame tranche
On tombe raide
La chair pourrit
Là où l'on tombe
On fait un pas
Sur le côté
Pour ne pas lui
Marcher dessus

    La mort est partout
    Elle nous entoure
    Ne l'oubliez pas

Enfin ce n'est pas comparable
Mais c'est aussi très important
Car bien qu'ils vivent au présent

Ils sont surtout notre avenir

Regardez bien le lycéen
Quand il approche du lycée
Lui qui semblait sombre et fermé
Compose son visage à temps

Ne croyez pas tous leurs sourires
Il en est beaucoup d'empruntés
S'ils vous laissent gratter un peu
Vous verrez l'immense souffrance

Ils ont quatorze à dix-huit ans
Ils ont toute la vie devant
On les envie mais on ignore
Ce qu'ils ont au fond de leur cœur

Beaucoup marchent la mort dans l'âme
Sans savoir pourquoi ils sont là
Taisons-nous et écoutons-les
Certains ne demandent que ça

18 – La recherche

La recherche c'est le bonheur
Certains y ont perdu la tête
Mais d'autres ont trouvé la clef
Ce sont des heures de labeur
Assis dans un amphithéâtre
À écouter la logorrhée
Fascinante d'un professeur
Il parle naturellement
De ce qui vous est mystérieux
Qu'il vous dévoile avec aisance

Entre deux cours il faut agir
Allez donc ronger quelques livres
Dans la bibliothèque immense
Lorsque vous relevez le nez
Vous souriez à vos amis
Elles sont belles, ils sont beaux
Vous travaillez dur mais c'est bon
Vous partez chaque soir plus mûr
Vous avez tellement appris
Dans le domaine qui vous plaît
Vous ne sauriez compter vos heures
Apprendre demande du temps
La sueur reste près du front

Il faut toujours renouveler
L'effort à peine effectué

Quelquefois vous vous échappez
Pour aller chercher le plaisir
Il fait beau vous êtes sans sou
Vous allez au jardin des plantes
Regarder voler la poussière
S'il fait trop chaud il faut choisir
Certains ne jurent qu'au café
Pour une tasse bien serrée
D'autres préfèrent la mosquée
Pour du thé qui brûle les doigts
Il est tard le soir est tombé
Les cours ont fini de longtemps
Rendez vos livres on vous chasse
De la bibliothèque immense
Vous avez bien quelques euro
Retenez deux ou trois amis
Juste une bière à Mouffetard
Il faut récompenser l'effort
D'une journée à la recherche

N'oubliez pas les lycéens
Beaucoup d'entre eux sont méritants
Ils font tous les efforts du monde
Pour comprendre ce qu'on attend
Ils ne sont pas encore libres
Ils travaillent de leur côté

La même sueur sur le front
Le monde leur appartiendra
Tant qu'ils continuent de chercher

19 – Les idées

Les idées quelquefois
Semblent avoir quitté
La ville et ses abords
Tout part dans tous les sens
Tout semble être confus
Paraît être construit
Selon le bon vouloir
D'égoïsmes errants

Les règles sont pour ceux
Qui veulent bien les suivre
La ville c'était l'ordre
C'était l'idée de l'homme
Peut-être la plus grande
Mais quel capharnaüm
Comment s'y retrouver

Pourtant l'Idée est là
Présente à chaque rue
L'idée mue en idées
Nulle part comme en ville
La pensée ne fourmille
On tente, essaye tout
Des idées qui mourront
À peine prononcées

D'autres qui dureront
Plus qu'on ne l'aurait cru
Boulevards, avenues
Sont des laboratoires

Les idées quelquefois
Semblent avoir quitté
La ville et ses abords
Mais elles sont bien là
Discrètes ou violentes
La ville est bien en vie
Car les idées l'animent

20 – Vers le futur

Les villes se sont étendues
Autour de châteaux et d'églises
Dans un cercle toujours plus grand

Puis on voulut aller plus haut
S'approcher toujours plus du ciel
Dans des cathédrales païennes

Voici la ville vue de loin
Elle mange le territoire
Et elle tend très haut les bras

Elle domine sa région
On s'y attroupe chaque jour
Dans des cortèges infinis

Qu'on soit sur rails ou sur la route
Il faut se presser s'agacer
Se méfier de celui qu'on croise

Quand la journée est terminée
C'est la ruée vers l'autre sens
De ceux qui vivent en-dehors

Pour ceux qui vivent dans la ville
Étudiants, familles ou seuls
Une journée tardive s'ouvre

Expositions cinémas
Apéritifs balades courses
La ville vit un autre rythme

Mais la ville est gourmande autant que nous le sommes
Nous avons à l'excès érigé nos idées
Quelque brin d'herbe essaie de percer le bitume
L'horizon est borné où qu'on porte les yeux
Nous nous goinfrons, avides, en quelques années
De ce qui en a mis des millions pour venir
De nos villes sordides nous tuons les champs
La campagne n'est plus qu'une ville à venir
Que les citadins lorgnent d'un œil assassin
Les villes sont parfois un lieu de servitude
Mais elles sont aussi la seule liberté
Les villes d'aujourd'hui sont ambivalentes

Que sera demain
On l'ignore encore
Mais on peut rêver
Pour construire ainsi

La ville future
Doit être accueillante

Pour tous ceux qui passent
Notamment les femmes

La ville future
Doit savoir fournir
De son propre sein
Ses propres besoins

Peut-être qu'enfin
On n'érigera
Plus une statue
Pour ne pas avoir

À se comparer

AJOUTS à l'édition de 1895

L'ambassade

Dans les jardins de l'ambassade
On entre dans un autre monde
On est partout et nulle part

On peut aller d'un pas tranquille
Dans ce qui n'est pas une ville
Niché pourtant juste en son cœur

On n'entend plus que les oiseaux
On ne sent plus que les parfums
Émanant de plantes superbes

L'ambassadeur fait le récit
De l'ambassade et du portail
À l'ombre de la chaleur moite

Pour arriver à l'ambassade
On aurait pu prendre un tuk-tuk
Mais je préfère les scooters

L'agent d'accueil a accouru
Trop empressé trop prévenant
Je paye un dollar au chauffeur

Lorsqu'il fut question de partir
Il a pris képi et bâton
Et puis d'autor il s'est jeté

Au milieu de l'avenue
Arrêter la circulation
Je ne suis pas ambassadeur

Je suis un simple visiteur
Les jardins sont déjà bien loin
Et me revoilà à Phnom Penh

Et puis une autre fois
Vous voici à Rangoon
Ancienne capitale
Siège des ambassades

Vous ignoriez alors
Vivre une parenthèse
La paix semblait renaître
Mais elle a chu depuis

L'accès est contrôlé
Avec sécurité
Tendez le passeport
Et ne souriez pas

Une fois parvenu
Voici un autre havre

La peinture s'écaille
Quoiqu'elle soit récente

Les hommes en chemise
Les femmes en tailleur
Représentent la France
Avec sérénité

Ce soir ils vous emmènent
À de grandes tablées
Ici il fait bon vivre
La vie d'expatrié

La gare

Les gares sont partout pareilles
À Montparnasse on pourrait être
À Châteauroux ou à Séoul
À Ljubljana ou La Havane
Les gares sont toutes semblables

On voit partout des gens courir
Poursuivis par une valise
D'autres assis sur leur valise
Dépliant un large journal
Et du bruit tout autour de ça

Les trains s'en vont, les trains s'en viennent
Ils dégorgent de passagers
Qu'il faudrait tous interroger
D'où venez-vous où allez-vous
Chacun a sa vie qui fourmille

On peut aussi aller en gare
Sans entrer descendre d'un train
Selon qu'on vive ou qu'on observe
Un fils un père se retrouvent
Ils s'embrassent pudiquement

Une femme pose ses lèvres
Sur les lèvres d'un trop jeune homme
Ceci est un baiser d'adieu
Il ne goûtera plus sa bouche
Mais il n'oubliera pas sa peau

Une adolescente descend
Boudeuse ou l'esprit occupé
Elle accepte sans la vouloir
La bise enjouée sur sa joue
Que lui prodigue sa grand-mère

Je ne dis rien sur les familles
Qui éparpillent leur marmaille
Poussettes bagages s'emmêlent
Un enfant s'en va en courant
Voyager n'est pas reposant

Les quais de gare sont d'abord
Les plus grandes scènes d'amour
Tant de films se jouent à la fois
Il faut bien choisir sa séance
Et l'on sera dédommagé

D'abord un couple se sépare
L'un d'eux doit rester sur le quai
On n'en saura pas la raison
Comment n'être pas déchiré
Par des pleurs sur un front brûlant

Ensuite un couple se retrouve
Ils ont l'air stupide à courir
Vers l'autre sur un quai bondé
      Ah si j'étais aimé
          Comme ces deux-là s'aiment

Et toutes les autres amours
L'amour pour un frère, une sœur
Pour un ami, pour une amie
Pour cet être indéfinissable
Et les amours inavouées

La gare est le cadre idéal
Niché juste au cœur de la ville
Pour observer ou vivre les
Manifestations magnifiques
De toutes les formes d'amour

Les gares sont partout pareilles
À Montparnasse on pourrait être
À Châteauroux ou à Séoul
À Ljubljana ou La Havane
Les gares sont toutes semblables

Sauf les gares désaffectées
Comme un amour d'il y a longtemps
Qui meurent de n'avoir personne

Qui attende ou bien à attendre
Une gare est un lieu de vies

L'université

Avant le lever du soleil
Et jusqu'après qu'il soit couché
C'est ici que vibre la vie

Les jeunes gens les jeunes femmes
Accompagnés d'un petit sac
S'en vont vers l'université

Celui tranquille voit courir
Celui qui hait être en retard
Mais le premier s'en moque bien

On a quelques cours en amphi
Et d'autres en petite classe
On étudie ce que l'on aime

On va se creuser les méninges
Et puis les yeux écarquillés
Écouter les révélations

Entre deux cours à la cafèt
On va forger ses amitiés
Inventer des blagues obscures

Avant le prochain cours on peut
Aller à la bibliothèque
User un peu plus un stylo

Voici venue la fin des cours
Le quartier vibre un autre ton
Les étudiants sont enthousiastes

Ils ont toujours leur petit sac
En investissant les terrasses
En buvant des bières pas chères

On forge encore une amitié
Et des souvenirs immortels
Pour un passant mélancolique

5 – Une statue (soldat), *variante*

Là-bas jeunesse vieillesse
Se confondent avec pitié
Le front est creusé de tranchées
Tristes rides anticipées
Et les bombes explosent comme
Les boutons aux joues des soldats

Dans les bureaux on réfléchit
Nous avons perdu trop d'enfants
Comment se faire pardonner
- Nous érigerons des statues
Glorifiant ces hommes mort-nés
Suite à notre coup de sifflet

Désormais dans tous les villages
On trouve encore en témoignage
Ces statures démesurées
Le poing levé le pas stoppé
Mais déjà prêtes à partir
Pour une autre der des ders, fi

Le centre commercial

Le centre commercial
La ville dans la ville
Sans les embouteillages
Enfermée dans les murs
De la cité nouvelle

Le centre commercial
La ville dans la ville
Une bâtisse immense
Où l'on pourrait se perdre
Où tout n'est que commerce

On ne voit pas le ciel
Ou alors rabougri
Derrière des verrières
On ne voit pas le temps
Passer se répétant

Nous voilà pris dans les
Rêts ou les tentacules
D'une modernité
Vieille après quarante ans
Mais comment s'en défaire

On trouve tout ici
Car tout y est à vendre
On peut manger sur place
Ou prévoir ses repas
Remplissant son chariot

On peut accumuler
Des vêtements tout neufs
Qui coûtent cher en eau
Et qui ont traversé
Des continents de mains

On peut soigner son corps
En confiant ses doigts
Ou sa toison du chef
Ou bien orner tout ça
De bijoux scintillants

Mais on peut préférer
Quitte à être enfermé
Aller au cinéma
Ou jouer seul ou à
Plusieurs aux jeux d'arcade

Le centre commercial
Ville mise en abyme
Est un incontournable
Qu'on l'aime ou le haïsse
Car son étreinte est chaude

Les embouteillages

La légende raconte
Qu'un jour à Châteauroux
Rien moins que trois voitures
Arrêtées au feu rouge
Ont fait dire au chauffeur
« Il y a des bouchons »

Je parlerai d'ailleurs
De vrais embouteillages

Par exemple à Paris
Les files de voitures
N'avancent qu'à pas lents
Combien d'heures perdues
De colères gagnées
Tous les jours quoi qu'on fasse

Voici le hourvari
Des klaxons continus
Et des mots doux lancés
D'un volant à un autre
La rage se propage
Mais restons plus tranquilles

Profitons des bouchons
Pour réviser nos danses
Montons un peu le son
Échauffons notre voix
Et chantons en playback
Nos mains dansant dans l'air

À Bangkok ou Phnom Penh
Pour ne pas s'arrêter
On roule à contresens
Et dans des diagonales
Mais pour les éviter
On créé des bouchons

Qu'en est-il à Venise
Y a-t-on l'habitude
D'un canal encombré
De bateaux trop nombreux
– On ne doit les bouchons
Qu'aux incivilités

Le métro

Tandis que dans le ciel
Les traînées blanches croisent
Que sur les avenues
Les voitures s'arrêtent
Un monde sous nos pieds
Se déplace en tremblant

La ville tend s'étend
Dans les trois dimensions
La terre trop chargée
On l'a grattée creusée
On peut accélérer
Grâce aux rails sous-terrains

Quel est ce monde morne
On s'accroche à la barre
Comme à son désespoir
Le visage fermé
Les yeux visant le vide
On se fait ballotter

On a gagné du temps
Pour aussitôt le perdre
Mais comment être heureux
Quand le ciel est absent

La ville se contracte
On va vite mais mal

Au jardin public

Les personnes âgées
Cachées sous un chapeau
Devisent à voix basse
Et sans interruption

Des mamans devant elles
Promènent la poussette
Chargée assez pour vivre
Des jours en autarcie

Des enfants autour d'elles
Crient rient chantent jouent pleurent
Ils semblent ne jamais
Pouvoir être épuisés

Sur un banc à côté
On découvre l'amour
Dans des mots malhabiles
Des gestes ébauchés

Et voilà deux amis
Ils passent la journée
À marcher et parler
À s'asseoir et parler

Dans le jardin public
Les vies se croisent, lentes
On est soudain plus quiet
Entourés de verdure

Le café

Aux rendez-vous des amitiés
C'est ici qu'on les forge et noue
Pour apprendre à bien se connaître
Quel meilleur cadre qu'un café

Puis pour prouver et éprouver
Ses amitiés les jours joyeux
Et les jours de tête baissée

À l'ami qu'on a vu hier
Ou il y a bientôt trois ans

Le café sera un asile

Et aux amis qui voudraient bien
Devenir un peu plus qu'amis
Posez votre main sur la table
Et glissez-la entre ses doigts

Quand il fait trop chaud ou trop froid
On va en terrasse ou dedans
Sûr d'y trouver le frais le chaud

Quand on a un peu soif ou faim
C'est toujours là qu'il faut aller
Sur la chaise en osier tressé

La France est pays des cafés
On en trouve dans chaque rue
Et dans presque tous les villages
C'est notre singularité

Qu'on nous accueille d'un sourire
Ou d'un vague signe bourru
On arrive en terre connue

Viens avec moi, mon amitié
Asseyons-nous et parlons-nous

Que veux-tu que nous commandions ?

Bords du fleuve

Aux bords de tous les fleuves
Le Mékong ou la Seine
La Loire ou Cheonggyecheon
Les rêves nous attendent

À Séoul où se mêlent
L'ancien et le moderne
Le filet d'eau fendant
Les tours est un bonheur

Entre Blois et Angers
À Tours la Loire est belle
Laisse un grand souvenir
À un passant pressé

Sur la terre des Khmers
Lorsque le jour décroît
On vient au bord du fleuve
Manger ses œufs de caille

Et notre capitale
On pourrait la connaître
En errant longuement
Le long des quais de Seine

Quel que soit le pays
Le fleuve est un asile
On s'assoit près du flot
Nos rêves nous emportent

L'arrêt de bus

Au milieu des étudiants
Qui vont ou viennent c'est selon
En cours ou déjà au café
Accompagnés de pas grand-chose
La confiance en leur avenir
Qui se lit sur de quiets sourires
Au milieu des étudiants
Et de leurs libres mouvements

Un banc

Un banc, un homme assis dessus
Tenant ses talons écartés
Les pointes de ses pieds se touchent
Seul son regard chemine encore
Sur les jeunesses aux cafés
Sur les bus qu'il ne hèle pas
Un homme seul et immobile
Je me reconnais dans ses yeux

L'aéroport

Pas très loin de la ville
S'étend une autre ville
La plus cosmopolite
Aux avions qui s'envolent
À ceux qui atterrissent
Tous les accents se mêlent
On est un point du monde
On peut tous les atteindre

L'ami nous accompagne
Il ne va pas bien loin
L'adieu arrive vite
Mais même sans partir
Quelle joie de sentir
Toutes ces impatiences
Le panneau des départs
Inspire des désirs

Quelques heures plus tard
À peine quelques heures
On descend de l'avion
On est au bout du monde
La chaleur nous écrase

On reconnaît Phnom Penh
Un autre aéroport
Toujours plus de bonheur

>
> Paris, Cayeux-sur-Mer et Cracovie
> 2022

Sommaire

1. La plaine … page 11
2. L'âme de la ville … page 14
3. Une statue (moine) … page 18
4. Les cathédrales … page 20
5. Une statue (soldat) … page 23
6. Le port … page 26
7. Le spectacle … page 28
8. Les promeneuses … page 32
9. Une statue (bourgeois) … page 34
10. Les usines … page 37
11. La bourse … page 39
12. Le bazar … page 41
13. L'étal … page 44
14. La révolte … page 47
15. Le masque … page 49
16. Une statue (apôtre) … page 52
17. La mort … page 54
18. La recherche … page 62
19. Les idées … page 65
20. Vers le futur … page 67

Ajouts à l'édition de 1895 :

L'ambassade … page 72
La gare … page 75
L'université … page 79
5. Une statue (soldat), *variante* … page 81
Le centre commercial … page 82
Les embouteillages … page 84
Le métro … page 86
Au jardin public … page 88
Le café … page 90
Bords du fleuve … page 92
L'arrêt de bus … page 94
L'aéroport … page 95

du même auteur

Trois ans avec Rousseau, roman, éditions Kirographaires, 2012 (épuisé)
Mademoiselle, roman, éditions BoD, 2018
Poèmes birmans, Sons et visions du Myanmar, poésie, éditions BoD, 2019

Hubert Camus anime la revue *Page poétique* et est professeur de Lettres modernes dans l'académie de Créteil.